Made in the USA
Middletown, DE
18 August 2022

71643976R00062